CW01562236

Cuando Freddie Mercury conoció a Montserrat Caballé

UNA HISTORIA DE AMOR MUSICAL

A.H. CARRERA

© A.H. Carrera, 2020, Barcelona

Ilustración de la cubierta y la contraportada: © Marc Mir

Cualquier forma de reproducción, distribución, comunicación o transformación de esta obra debe hacerse con la autorización de los titulares, salvo en las excepciones previstas por la ley.

Para Calipso, siempre fiel y salvaje.

Índice

Overture   11

La Caballé   13

Farrokh Bulsara   19

Mercury y la ópera   25

La primera cita   33

Caballé y los juegos olímpicos   37

Barcelona, la canción   41

La grabación del disco   45

Las canciones	55
La enfermedad de Freddie	65
Nódulos, *playback* y las "tres voces de Freddie"	69
Presentación del disco	75
El legado	79
EPÍLOGO: *30 AÑOS CON FREDDIE*	83
AGRADECIMIENTOS	87
CRONOLOGÍA	89
BIBLIOGRAFÍA	93

Overture

Barcelona demostró el alto talento de Freddie. No era solamente un cantante de pop: era un músico que se sentaba al piano y componía. Descubrió una manera de fusionar nuestros géneros. Fue el primero y el único que lo ha sabido hacer[1].

MONTSERRAT CABALLÉ

En 1988 salió a la venta el disco *Barcelona*. Sus creadores, Freddie Mercury y Montserrat Caballé, ya habían lanzado un hit con el mismo nombre en el año anterior. ¿Se trata de un experimento del líder de Queen? ¿O fue idea de la soprano española? Sus voces, que ya son únicas por

---

[1] Brooks & Rhys, 2012, p. 23

separado, se complementan a la perfección en este proyecto. Muchos creen que este disco se grabó con la ayuda de una orquesta, pero se trata de una obra de estudio que combina algunos elementos clásicos con los sintetizadores más avanzados de la época. Buena parte del trabajo se hizo en el que entonces era el mejor estudio de rock del mundo. Freddie Mercury llevó a cabo la composición y producción del disco. Montserrat Caballé impulsaría el proyecto. Quería hacer un himno a su ciudad, Barcelona, que se preparaba para ser la próxima anfitriona olímpica. Este libro relata un encuentro insólito. Cuando Freddie Mercury conoció a Montserrat Caballé: una historia de amor musical.

La Caballé

Montserrat Caballé nació durante la Guerra Civil Española[2], un 12 de Abril de 1938 en el barrio barcelonés de Gracia. Su familia, como la mayoría en aquella época, sufría una importante crisis económica. Aprovechando que la niña parecía más mayor de lo que era, sus padres falsificaron la fecha de nacimiento cuando todavía era pequeña. Le sumaron cinco años de vida para que se pudiera inscribir prematuramente en el Conservatorio del Liceo[3].

---
[2] 17 de julio de 1936 – 1 de abril de 1939.
[3] Alier, 2011, p. 15

El tío de Montserrat trabajaba de sereno[4] en la *zona alta* de Barcelona[5]. Gracias a sus contactos, los hijos de un empresario del textil costearon los estudios de la joven Caballé[6]. Se convirtieron en sus mecenas: compraron un piano para que practicara en casa, le ayudaron a rodearse de personas influyentes y le enseñaron a desenvolverse en ese tipo de ambientes.

Montserrat compaginaba sus estudios con un empleo en una fábrica de pañuelos. En 1955 finalizó su etapa en la

---

[4] Los serenos se encargaban de rondar la calle de noche para velar por la seguridad de los vecinos.

[5] La *zona alta* de Barcelona suele referir a los barrios más pudientes, que coinciden en los distritos de Sarriá-Sant Gervasi y una parte de Les Corts con una altitud mayor que los demás barrios históricos de la ciudad.

[6] La familia del difunto Eusebi Bertrand Mata. Gran empresario conocido por actuaciones altruistas.

escuela de música con un examen final en forma de concierto. Se desmayó en la penúltima nota y un miembro del jurado se negó a premiarla con la medalla de oro que querían concederle. Así, su salto a la fama se retrasaría hasta 1965. Tuvo lugar al otro lado del Atlántico, a seis mil kilómetros de su ciudad natal.

Las sopranos más influyentes del siglo XX, como María Callas y Renata Tebaldi, habían hecho resurgir el belcantismo, la técnica que mejor dominaba Montserrat[7].

---

[7] El bel canto es un estilo vocal que floreció en Italia durante el período Barroco. Buscaba la perfecta producción de notas unidas, así como elementos virtuosos. A mediados del siglo XX, la American Opera Society impulsó iniciativas junto a varias discográficas para publicar óperas olvidadas dónde las grandes sopranos recuperaran este estilo. Algunas de las más representativas son *Norma*, *Lucia di Lammermoor*, *Anna Bolena* y *La Vestale*.

La joven mezzosoprano Marylin Horne preparaba la presentación de la ópera *Lucrezia Borgia*, de Donizetti, en Nueva York. Pero un embarazo inesperado le obligó a anular la actuación. De este modo, Caballé tuvo la inesperada oportunidad de sustituirla en la Metropolitan Opera House. A la mañana siguiente, el *New York Times* publicaba el titular:

$$Callas + Tebaldi = Caballé^8$$

Los críticos aseguraban que la voz de la soprano catalana era como la suma de las voces de María Callas y Renata Tebaldi. Desde aquel día, Montserrat Caballé no cesaría su labor en los teatros y auditorios de todo el mundo,

---

[8] Alier, 2011, p. 54

convirtiéndose en una diva de la ópera reconocida internacionalmente.

Farrokh Bulsara

Los padres de Farrokh Bulsara (nombre real de Freddie Mercury) son dos parsis nacidos en la India colonial[9]. Trabajaban para el gobierno británico en la isla de Zanzíbar (actualmente Tanzania, en África). Allí nació el primogénito Farrokh, el 5 de septiembre de 1946 –casualmente, el día de Año Nuevo del pueblo persa–. Su

---

[9] Los parsis son una etnia que profesa el zoroastrismo. Descienden de los persas originarios del actual Irán, emigrados a la India en los siglos VII y VIII por las persecuciones islamistas. Al igual que los judíos, han creado comunidades periféricas en todo el mundo, con especial presencia en Pakistán e India.

madre, Jer Bulsara, recuerda un niño tímido y curioso que se pasaba horas escuchando vinilos. Mostraba pasión por música muy diversa: folk, ópera, rock, etc.[10] Con un sueldo medio que en otras regiones del mundo no les hubiera permitido demasiados lujos, en la isla africana la familia Bulsara disponía de una casa frente al mar, con jardín y servicio doméstico.

El nivel educativo de Zanzíbar era muy bajo, así que enviaron a Farrokh a estudiar cerca de la ciudad de Bombay, donde vivían sus tías. En el internado *St. Peter's* de Pachgani, el pequeño Bulsara recibiría una educación del mismo nivel que la inglesa. Una formación dirigida a ingresar en Cambridge a los dieciocho años. Allí se daría a

---

[10] Jones, 2012, pp. 45-55

conocer como *Freddie* –*Farrokh* era muy difícil de pronunciar–. También lo llamarían *Bucky* ("conejito"), en honor a su descomunal dentadura.

Freddie guardaba muy buenos recuerdos del colegio St. Peter's. El ave fénix que aparece en el logo de Queen, diseñado por él, está inspirado en el escudo del colegio[11].

Los internos se distanciaban mucho de sus padres –a quienes solo veían en verano–, pero ingresar en un colegio inglés en la India colonial significaba disponer de una formación envidiable. En St. Peter's, Freddie adquirió

---

[11] Las referencias místicas y astrológicas son constantes en la obra de Freddie Mercury. En el escudo de Queen aparecen los animales que corresponden a los horóscopos de cada uno de los miembros de la banda.

buenos modales, compitió con los alumnos más aventajados y aprendió a ser una persona independiente.

Durante la adolescencia, los resultados académicos de Freddie empeoraron. El joven Bulsara volvió a Zanzíbar para terminar el Bachillerato en un colegio católico[12]. Hasta 1964, cuando estalló una revolución que puso fin al dominio británico. La familia Bulsara aprovechó su doble nacionalidad para mudarse a Feltham, en las afueras de Londres. Se instalaron muy cerca del aeropuerto de Heathrow, dónde Freddie comenzaría a trabajar cada verano. El nivel de vida de la familia disminuyó notablemente, pero el joven Bulsara descubrió un estilo de vida que nunca quiso abandonar.

---

[12] Jones, 2012, p. 71

Freddie Bulsara se licenció en Grafismo y Diseño. Hizo un trabajo de investigación sobre Jimi Hendrix, uno de sus principales referentes tanto en el estilo musical como corporal. Pretendía ganarse la vida como ilustrador. Pero su vida dio un giro inesperado al conocer a Tim Staffel, el vocalista del grupo de rock *Smile*. Freddie era el mayor fan de la banda y siempre asistía a los conciertos en primera fila, junto a su novia Mary Austin[13]. El guitarrista de la banda era Brian May –vecino de Feltham–, y Roger Taylor, con quien Freddie abriría un puesto de ropa usada en el mercadillo de Kensington, era el baterista.

---

[13] Freddie Mercury y Mary Austin vivían juntos en Londres. La homosexualidad de Freddie propició la ruptura de la pareja a mediados de la década de los 70. A pesar de ello, mantuvieron una profunda amistad y no perdieron el contacto hasta el día de la muerte del artista. Algunas de las canciones de amor más famosas de Queen, como *Love Of My Life* (1975), están dedicadas a Mary.

Freddie había cantado y tocado el piano en otros grupos antes de asociarse con May y Taylor. Forjó un personaje enérgico y agresivo –en el escenario se presentaba como *Fred Bull*–. Cuando el cantante de *Smile*, cansado de la irrelevancia, abandonó la vida de músico profesional, Freddie ocuparía su lugar para fundar *Queen*. En 1971 incorporaron a John Deacon, un excelente bajista. Freddie adoptó el apellido de *Mercury*[14], y el resto de la leyenda ya lo conocemos.

---

[14] El apellido aparece por primera vez en la canción *My Fairy King*, del primer disco de Queen, cuando el cantante menciona a su madre como *Oh Mother* **Mercury** */ Look what they've done to me*.

Mercury y la ópera

Las composiciones de Freddie Mercury revelan numerosas influencias de la música clásica. Algunos de los fragmentos donde esto se aprecia con mayor claridad, ambos de 1975, son la parte coral de *Bohemian Rhapsody* y el piano barroco de *Love Of My Life*. A veces, más que en el estilo, las referencias se encuentran en la melodía y en las progresiones armónicas. *We Are The Champions* emplea la misma cadencia que el segundo movimiento de la *Sonata para piano núm. 8,* de Beethoven –conocida como *La Patética*–. Cuando Mercury canta *I've had my share of sand kicked in my face but I've come through,* Queen se desplaza en una cadencia modulante que va de *Mi* bemol a *Si* bemol mayor:

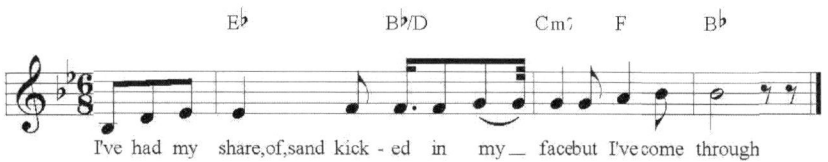

Beethoven, que –curiosamente– compuso *La Patética* en 1799 *(We Are The Champions* es de 1977), emplea la misma cadencia, aunque en otra tonalidad:

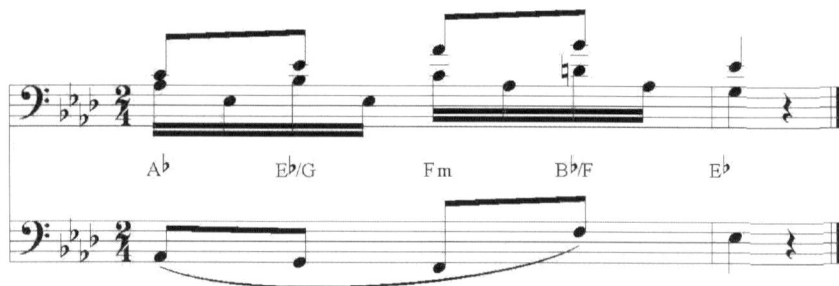

Hay casos menos enigmáticos, como la obertura de la balada *It's A Hard Life* (1984) –*I don't want my freedom / there's no reason for living with a broken heart*–. Se trata de la melodía de la famosa aria *Vesti La Giubba*, de la ópera *Pagliacci*. La obertura de *It's A Hard Life* se interpreta en *Do* menor:

La melodía original, del compositor Leoncavallo, está en *La* menor:

A inicios de la década de los ochenta, Freddie vivía como una auténtica superestrella. En medio de giras internacionales, el estreno de *The Game* y la conquista del mercado norteamericano[15], Freddie se obsesionó con la que

---

[15] *Another One Bites The Dust* sonaba en la radio a todas horas. Michael Jackson, que era un buen amigo de Freddie, insistió en promocionar esta canción. Su estilo funk difería notablemente de lo que Queen venía haciendo en la década de los setenta, pero fue una efectiva carta de presentación para los jóvenes de Norteamérica. La canción penetró en la noche neoyorkina y Queen se situó como indiscutible número uno en los EEUU.

años después describiría como la mejor voz de todo el mundo. El artista quería ver a Luciano Pavarotti en directo, y por ello asistió en Londres a la representación de la ópera de Verdi *Un Ballo In Maschera*. Freddie nunca había oído a Montserrat Caballé, pero cuando la soprano entró en escena, en la Royal Opera House, el vocalista de Queen quedó hipnotizado. Quienes iban a la ópera con él, aseguran que se enamoró con tan solo oírla[16].

A mediados de los ochenta, en Múnich, mientras grababa su primer disco en solitario –*Mr. Bad Guy* (1985)–, Freddie le ofreció a su manager un audio de Montserrat Caballé. 'Me gustaría grabar algo con ella', dijo. La obsesión por su voz se aprecia en composiciones como *Man Made*

---

[16] Brooks & Rhys, 2012, p. 5

Paradise. En esta canción, del disco *Mr. Bad Guy*, Mercury concluye entrenando su voz con la técnica del falsete, en una clara imitación de Montserrat Caballé. En 1986, Jim Beach[17] –el manager de Mercury– habló con el promotor de Queen en España, Pino Sagliocco[18]. Durante la *Magic Tour* –la gira que siguió al estreno del onceavo disco de Queen–, Freddie concedió una entrevista para la televisión española. Allí lanzó su frase más famosa con respecto a la soprano: 'Para mí, Montserrat Caballé tiene la mejor voz de

---

[17] Jim Beach fue el manager de Queen desde 1978. También promovió los proyectos en solitario de los miembros de la banda. En los años setenta Queen tuvo problemas con su primer representante, quien les dejó en la ruina. Beach intermedió como abogado y renegoció el acuerdo del grupo con la discográfica.

[18] Pino Sagliocco producía macro-eventos en España. En 1987 promovió el Festival *Ibiza 92*, donde Mercury y Caballé actuaron por primera vez juntos. Sagliocco fue una pieza clave para que la canción *Barcelona* saliera a la luz.

todos los seres humanos vivos'. Ella lo escuchó y Jim Beach pudo establecer contacto con Carlos, el hermano y representante de Caballé. Concertaron una cita en Barcelona para el mes de marzo de 1987.

La primera cita

Nos sentamos. Freddie y Montserrat estaban uno al lado del otro y nosotros a su alrededor. Durante dos o tres minutos hubo un silencio. Entonces Freddie se giró hacia Montserrat y dijo «Bueno, tengo una canción para ti, ¿puedo mostrártela?» Y eso rompió el hielo[19].

PETER FREESTONE[20]

---

[19] Comentario extraído del casete original de *Barcelona* (1988).
[20] Peter Freestone era el asistente personal de Freddie Mercury. Siempre iban juntos. Freddie tenía muy claro hasta donde quería dar a conocer su vida privada y Peter se encargaba de mantener su intimidad en secreto. Tras la muerte de Mercury, Freestone recibió quinientas mil libras de herencia.

Freddie Mercury conoció a Montserrat Caballé el 24 de Marzo de 1987 en el Hotel Ritz de Barcelona –actualmente, *El Palace–*. Aquí nació la colaboración más insólita de la historia de la música del siglo XX. El líder de Queen viajó a la capital catalana en avión, llevando consigo un casete. Había preparado una maqueta para la ocasión, *Exercises In Free Love,* donde imita la tesitura de la soprano[21].

El Ritz estaba preparado para la ocasión. Disponían de un comedor privado junto al jardín, con un piano y un sistema de amplificación para escuchar música. Montserrat Caballé llegó tarde y Freddie tuvo que esperar sentado. Cuando hizo acto de presencia, y después de aquellos largos

---

[21] Esta composición se adaptó para el álbum *Barcelona* bajo el título de *Ensueño*.

minutos de silencio, escucharon atentamente la grabación. La música destensó el ambiente, y al terminar la canción, Montserrat le preguntó a Freddie: '¿Puedo cantarla en el recital que tengo el próximo domingo en el *Covent Garden?*'[22]

---

[22] Cita extraída de Brooks & Rhys, 2012, p. 5. *Covent Garden* es la zona de Londres donde se encuentra la Royal Opera House.

Caballé y los Juegos Olímpicos

Montserrat Caballé llevó a cabo una importante labor para favorecer el nombramiento de su ciudad como anfitriona olímpica. En la 91 sesión del Comité Olímpico Internacional (1986), Barcelona fue designada para los Juegos de 1992. A partir de entonces, la soprano iniciaría una campaña de promoción sin precedentes, en la que confluían intereses profesionales, políticos y económicos. En este contexto comienza a cobrar sentido la colaboración con una estrella del rock reconocida internacionalmente.

Montserrat Caballé era el nexo entre lo local, lo nacional y lo internacional. Pero faltaba un ingrediente para lograr la combinación perfecta: alguien realmente *pop* –popular–. Si Freddie Mercury componía el himno de las Olimpiadas, la imagen con la que Barcelona quería proyectarse en el mundo estaba más que asegurada.

Para celebrar el nombramiento de la Ciudad Condal, Montserrat incluyó un fragmento de *L'Olimpiade* de Vivaldi en su recital de Londres[23]. Aquel domingo, durante el vis a vis, Freddie subió al escenario con la soprano. Ella alegó que era un admirador y que le había compuesto una canción –*Exercises In Free Love*–. Los asistentes, atónitos por la presencia del cantante, no imaginaban que las dos

---
[23] Alier, 2011, p. 206

estrellas quedarían asociadas para siempre en el ideario popular.

Por la noche cenaron en Garden Lodge, la mansión de Freddie[24] –en el barrio londinense de Kensington–. Cantaron canciones de Queen hasta las cinco de la mañana, mientras bebían champagne[25]. El teclista Mike Moran los acompañó al piano[26]. Era un buen amigo de Freddie y terminaría siendo su arreglista en el proyecto *Barcelona*.

---

[24] Garden Lodge era la residencia habitual de Freddie Mercury. Tras la muerte del cantante, Mary Austin heredó la casa. El edificio sigue siendo un lugar de culto para fans de todo el mundo.

[25] Jones, 2012, p. 383

[26] Mike Moran había participado en la composición y orquestación de bandas sonoras célebres como *La Misión* (Roland Joffé, 1986). Aparece en el videoclip de *Barcelona* como director de orquesta, con una batuta luminosa junto a docenas de personas encendiendo un mechero.

Musicalmente hablando, aquella noche se amoldaron entre ellos. Dos de las tesituras vocales más prodigiosas del mundo junto a un gran pianista y productor musical. Disponían de todos los elementos necesarios para comenzar a grabar.

Barcelona, la canción

> Estaba en el séptimo cielo. Uno de los momentos más importantes de su vida fue cuando Montserrat grabó su parte de la canción *Barcelona*. Después de hacerlo, de camino a casa, recuerdo a Freddie mirándome y diciendo: «¡Ya está! ¡Ya lo he hecho! Tengo su voz en mi música[27]».
>
> PETER FREESTONE

En un principio, el único proyecto que contemplaban Freddie Mercury y Montserrat Caballé era hacer una canción sobre la ciudad de Barcelona. El himno olímpico

---
[27] Brooks & Rhys, 2012, p. 23

se grabó en abril de 1987 –tan solo un mes después de que los cantantes se conocieran–, aunque Freddie ya llevaba meses con la melodía en la cabeza. Para presentar la obra actuaron en el *Ku Club* –actualmente, el *Privilege Ibiza*–, la discoteca de quien Pino Sagliocco era el propietario. La escenificación fue retransmitida en directo en todo el mundo, en un espectáculo televisivo llamado *Ibiza 92*. *Barcelona* es desde entonces una canción reconocida internacionalmente.

El single de *Barcelona* salió al mercado el 21 de septiembre de 1987. Vendió diez mil copias en menos de tres horas. ¡Un auténtico hit! No volvió a lanzarse a la venta hasta cinco años más tarde, durante los Juegos Olímpicos –cuando llegó a ser número dos en el Reino

Unido–. La calurosa bienvenida que mostró la audiencia animó a los dos artistas a seguir con el proyecto y grabar un disco.

La grabación del disco

> Freddie adoraba a las mujeres. Se deleitaba en su feminidad, en su aspecto físico, en su forma de vestir y hasta en su olor. En aquello que las distingue de los hombres. Es evidente que Freddie amaba a Mary –su ex-pareja–. Cuando salíamos a cenar, no dejaba en absoluto a las mujeres de lado. Quería que estuvieran presentes en su vida[28].
>
> TIM RICE[29]

Aunque no lo parezca, la orquestación de las canciones de Barcelona se llevó a cabo casi en toda su totalidad con

---

[28] Jones, 2012, pp. 384-385

[29] Tim Rice, letrista de algunos de los musicales más célebres de Broadway (Jesus Christ Superstar, El Rey León, etc.), puso la letra a varias canciones del disco *Barcelona*.

sintetizadores[30]. Pero las canciones muestran más cohesión en el disco original que en interpretaciones posteriores realizadas por bandas sinfónicas. Freddie Mercury y Mike Moran reunían los conocimientos y la tecnología necesaria para plasmar sus ideas y producir los sonidos en un estudio de grabación. Eran auténticas "ratas de estudio". ¡Perfeccionistas empedernidos! No escatimaban en horas ni en gastos. El violín, el cello, la percusión de *Barcelona* y el bajo eléctrico de *How Can I Go On* son los únicos instrumentos para los que contaron con colaboradores externos. El piano, los teclados, los sintetizadores y el órgano Hammond es mérito de Moran. Los coros son obra de Freddie –excepto en *The Golden Boy*–. La música del

---

[30] Freddie Mercury no escribía partituras. Contratar una orquesta no entraba en sus planes.

disco fue compuesta por ellos dos. Freddie tenía las ideas y Mike se encargaba de armonizarlas. La letra de *Ensueño* es cortesía de Caballé, las de *The Fallen Priest* y *The Golden Boy,* de Tim Rice, y el resto son de Mercury y Moran[31].

Freddie escogió el estudio Town House porque estaba cerca de su casa, al oeste de Londres. Actualmente está cerrado, pero había sido el lugar de trabajo de Frank Zappa, Bryan Ferry y Tina Turner, entre otros. Mercury lo conocería poco antes de iniciar su proyecto con Caballé, cuando se disponía a versionar el clásico de The Platters *The Great Pretender*[32], en 1987.

---

[31] Brooks & Rhys, 2012, p. 36

[32] La letra de *The Great Pretender* resume la trayectoria profesional de Freddie Mercury. La canción expresa a la perfección lo que el artista aseguraba sentir cuando subía a un escenario: *Oh yes, I'm the great*

El productor de Barcelona fue David Richards, quien ya había trabajado para Queen. Este ingeniero ahora tenía entre manos una tarea muchísimo más difícil. Montserrat Caballé estaba comprometida con los teatros y auditorios de todo el mundo y apenas tenía huecos en su agenda para poner la voz en el disco. Por ello, la producción de Barcelona se hizo a distancia. A lo largo de nueve meses de gestación, Mercury enviaba las maquetas a Montserrat y ella escuchaba unas cintas de casete en las que el vocalista imitaba la voz de la soprano. Cuando tenía tiempo, iba a Londres y grababa su parte de cada canción[33]. No es la mejor manera de trabajar, pero el resultado fue impecable.

---

pretender / Pretending that I'm doing well / My need is such I pretend too much / I'm lonely but no one can tell.

[33] Jones, 2012, pp. 383-384

El disco se grabó en Townhouse y fue producido en los Mountain Studios[34].

---

[34] Queen compró los Mountain Studios (Montreux, Suiza) en 1979 y los vendió a David Richards en 1993, cuando Freddie ya había fallecido. Aquí se grabó parte de *Jazz* (1978), *Hot Space* (1982), *A Kind Of Magic* (1986), *The Miracle* (1989), *Innuendo* (1991) y *Made In Heaven* (1995). La portada de este último disco muestra la silueta Freddie Mercury. La fotografía es de una estatua de bronce que hay frente al lago de Ginebra, donde el compositor se inspiró para grabar sus últimos trabajos. El último registro editado de su voz son los versos de la canción *Mother Love (Made In Heaven*, 1995).

Las canciones

Barcelona

Freddie Mercury tenía una técnica muy personal para dar vigor a los coros: gritaba con la voz rota y sin alargar las notas. Así se consigue la "textura Queen". En *Barcelona*, esta técnica se combina con unos '*uh*' muy suaves que ofrecen un contraste melódico. En la *intro,* el contrabajo conduce la estructura coral hasta la cadencia que unos minutos más tarde servirá para concluir majestuosamente la canción:

Fm   Eb/G   Ab   Ab/Bb   Eb

La melodía del estribillo de *Barcelona* es una de las partes más reconocibles y memorizables del disco. Pero en la maqueta inicial tenía algunas diferencias con respecto a la edición final. En el casete que Freddie envió a Montserrat para que practicara la canción, se escuchaba esto:

Finalmente, el motivo principal de la canción cambió al que todos conocemos:

La Japonaise

No es la primera vez que Freddie Mercury muestra admiración por la cultura japonesa. El líder de Queen tenía una conexión muy especial con el público nipón[35]. Él mismo escribiría los versos en japonés. En su estribillo, la melodía emplea una escala musical de tipo orientalista –un modo musical pentatónico–. Esta se integra perfectamente en una progresión armónica tonal-occidental:

D Bm F# G Em G Bm

The Fallen Priest

No se convirtió en un hit, pero *The Fallen Priest* es la canción más elaborada del disco. Bautizada como

---

[35] Los cuatro integrantes de Queen se enamoraron de Japón en su primera gira internacional. Tras el lanzamiento de *A Night At The Opera* (1975), Queen ofreció nueve conciertos en este país. Fue entonces cuando Brian May compuso la canción que cerraría su siguiente disco: *Teo Torriate (A Day At The Races,* 1976). Con este himno, que tiene un estribillo en inglés y otro en japonés, la banda pretendía que el público nipón cantara los coros en su idioma.

Rachmaninov's Revenge y posteriormente como *The Duet*, adquirió el título *The Fallen Priest* con la letra de Tim Rice[36]. En esta producción, Mike Moran luce toda su experiencia como arreglista y teclista. La instrumentación y los coros se edifican sobre un acompañamiento continuo de piano virtuoso. Al final de la canción, cuando Freddie dice *Why do I believe in you? / You're destroying my world / Hold nothing back / Give me all there is / I want it all,* la voz principal se apoya sobre la inversión del coro y del acompañamiento de un fragmento anterior *–To Yourself be true / I am a man of God / I should not be here with you–*. A su vez, la progresión de acordes que presenta la parte invertida es una inversión de la progresión anterior, tal como muestra la siguiente partitura:

---

[36] Brooks & Rhys, 2012, p. 26

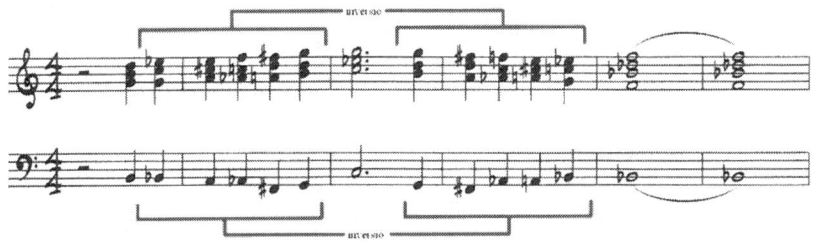

Ensueño

En la versión final de esta canción –que no es más que una adaptación de la grabación que Freddie le había regalado a Montserrat el día que se conocieron–, Mercury canta en español y con una voz de barítono[37]. Montserrat le instó a cantar con su "voz natural" (la que tenía al hablar). Él le había regalado la música, así que ella correspondió escribiendo la letra. Esta relata la experiencia de los dos cantantes antes de conocerse:

---

[37] La voz de barítono es la tesitura media de un hombre. Freddie solía forzar la voz para cantar como un tenor (más agudo).

En mi sueño te vi / Tu luz llegaba de tan lejos

Tu voz penetra en mí / Vibra en ti / Vibra en mi

Suavemente me llevaba a ti

Oí el sonido / Tu voz dulcemente me decía:

'Ven, ven junto a mi'

Volver a vivir / Saber que mi sueño no está solo

Alienta en ti / Tú y yo cantando los dos (…)

Ensueño es la producción más sencilla del disco. Con poco más que un piano y dos voces, la canción tiene una estructura ABA, donde A está en modo menor y B está en la misma tonalidad, pero en modo mayor. Con esta forma, idéntica a la de la mayoría de coplas, *Ensueño* alude a un amplio repertorio de canción española que Montserrat Caballé dominaba a la perfección.

The Golden Boy

Esta composición está en la línea de otros clásicos de Queen como *Somebody To Love*[38] *(A Day At The Races*, 1976) o *Let Me Live* (editada para *Made In Heaven* en 1995). El coro de *The Golden Boy* está formado por músicos amigos de Freddie, como Peter Straker[39]. No es la única canción de estilo góspel que había compuesto en aquellos años. La exótica *Africa By Night* se descartó finalmente, pero fue editada por Queen tres años más tarde bajo el título de *All God's People (Innuendo,* 1991)[40].

---

[38] Jer Bulsara, la madre de Freddie, recuerda que la canción de la que su hijo se sentía más orgulloso era *Somebody To Love* (Jones, 2012).

[39] Peter Straker es un cantante jamaicano para quien Mercury había producido un disco en 1977 (*This One's On Me*). Aparece en el clip de *The Great Pretender,* travestido junto a Freddie y Roger Taylor.

[40] Brooks & Rhys, 2000, p. 22

Guide Me Home / *How Can I Go On*

Estas canciones se reproducen enlazadas. *Guide Me Home* es la última composición que se grabó, en 1988. El exquisito amoldamiento de las voces de los dos cantantes es prueba de ello. Al final de la pieza se añaden los coros de Freddie acompañados por un contrabajo, interpretado con la técnica del pizzicato[41].

Por su parte, *How Can I Go On* es la canción más *pop* del disco. Es el único tema que incorpora una percusión continua. La brillante línea del bajo eléctrico es cortesía de John Deacon, el bajista de Queen.

---

[41] Pizzicato significa pellizcar. Consiste en pulsar directamente las cuerdas con los dedos, en lugar de fregarlas con un arco.

Overture Piccante

A pesar del título, esta producción cierra el disco. Más que una canción, es un popurrí con las pistas anteriores, donde las bases y los coros se oyen de manera aislada. El rock del minuto 4:55, con varias líneas de voz superpuestas sobre un piano, se editó a partir de la sesión grabada el 22 de Junio de 1987 en los Mountain Studios. Mercury improvisaba palabras indescifrables mientras Mike Moran se reía sentado al piano[42]. Con este regalo para los fans se pone punto y final a un disco de ocho pistas. Pocas si lo comparamos con la mayoría de discos de *pop*... Muchas si valoramos el trabajo que hay detrás de cada obra.

---

[42] Youtube (1987): *Freddie Mercury – When this old tired body wants to sing*: http://www.youtube.com/watch?NR=1&v=zcIkf9cbGvU&feature=fvwp

La enfermedad de Freddie

La manera como me lo contó, sabes... «soy seropositivo», dijo, «y he desarrollado la enfermedad». Yo le dije: «pero tú eres tan fuerte, ¡sigues cantando!» Y él me respondió: «sí, todavía puedo hacerlo, pero llegará un día en el que ya no pueda, y soy consciente de eso. Quiero que lo sepas, porque es mi obligación decírtelo» Entonces le dije: «no, no es una obligación, pero estoy muy agradecida de que me lo hayas contado. Eso significa que tengo tu amistad y para mí eso es lo más importante»[43].

MONTSERRAT CABALLÉ

---

[43] Youtube (2004): *Montserrat Caballe Interview About Freddie Mercury*: http://www.youtube.com/watch?v=eWO8nNkVym4

Durante la grabación de *Barcelona*, a Freddie Mercury le confirmaron que padecía sida. Los médicos no podían predecir cuanto tiempo le quedaba, así que el compositor volcó todo su esfuerzo en el proyecto de Caballé, pensando que sería su último trabajo. Finalmente tuvo tiempo de grabar dos discos más junto a Queen –*The Miracle* (1989) e *Innuendo* (1991)–. También dejó algunas canciones que se editaron *post mortem,* para el disco *Made In Heaven* (1995). Antes de finalizar las sesiones de *Barcelona*, los miembros de Queen se reunieron en Town House. Los síntomas de Freddie eran evidentes, así que les explicó lo que ocurría y les pidió que guardaran el secreto para seguir trabajando en paz hasta el día de su muerte[44].

---

[44] La información sobre la enfermedad de Freddie no se haría pública hasta el 23 de noviembre de 1991, cuando su médico leyó una nota en

Cuando Freddie estaba inmerso en el proyecto de *Barcelona*, su salud se deterioraba a gran velocidad. Tenía una herida en el pie que no lograba curar, así que lo de bailar en el escenario se había terminado. Las actuaciones con Montserrat Caballé fueron sus últimos conciertos. Era perfectamente consciente de que no volvería a hacer giras. Sin embargo, su creatividad y lucidez mental estaban en pleno auge. Resurgió una disciplina que tenía muy olvidada: la de los primeros años de Queen. El disco de *Barcelona* es fruto de esta nueva actitud.

---

una rueda de prensa. Al día siguiente, el cantante moría en Garden Lodge junto a familiares y amigos. En abril de 1992, Brian May, Roger Taylor y Jim Beach organizaron un concierto tributo para concienciar a la población sobre el sida. Los beneficios recaudados se distribuyeron a través de la Mercury Phoenix Trust, una ONG de alcance internacional con gran presencia en África (no olvidemos que Farrokh Bulsara era africano).

Nódulos, *playback* y las "tres voces de Freddie"

El 8 de Octubre de 1988, Freddie Mercury aterriza en Barcelona para participar en el festival *La Nit*[45]. El evento se organizó al aire libre, a los pies de la montaña de Montjuic. España celebraba que la llama olímpica había llegado de Seúl y más de 40.000 personas asistieron a un

---
[45] "La Noche", en catalán.

concierto que se retransmitió en directo –cuya grabación obtendría el premio *Music Video Of The Year* en Nueva York–. La audiencia no percibió que Freddie y Montserrat habían hecho *playback*[46].

El motivo por el que Mercury no podía cantar las canciones de Barcelona en directo es una cuestión poco afrontada por críticos musicales y fans de Queen: Freddie tenía nódulos en las cuerdas vocales[47]. El artista nunca había tomado clases de canto, y su mala técnica vocal le obligaba a forzar demasiado el cuello. En el estudio podía alcanzar un *Do de pecho* sin problemas, pero los nódulos le impedían hacerlo

---

[46] Alier, 2011, p. 211

[47] Los nódulos son crecimientos benignos de cuerpos callosos en el interior de la garganta.

en directo[48]. Durante la gira que siguió al lanzamiento de *Jazz* (1978), los miembros de Queen no gozaron de ningún período de descanso y Mercury desarrolló el problema de los nódulos. Al terminar la gira y tras seis meses de inactividad, el cantante se recuperó para actuar en los conciertos más impecables de la banda –tanto por la claridad vocal del cantante, con un vibrato y unos agudos exquisitos, como por la calidad del sonido en la amplificación de los instrumentos[49]–. Con el lanzamiento de *A Kind Of Magic* (1986) y la *Magic Tour,* el problema

---

[48] El *Do sobreagudo* –o *de pecho*– es la nota más alta de la tesitura del tenor sin utilizar la técnica del falsete. Corresponde al Do 5 de un piano. Lo apreciamos en el estribillo de *Bicycle Race (Jazz*, 1978): *I Want to ride my bicycle / I want to ride my bike / I want to ride my bicycle / I want to ride it where I like.*

[49] Hammersmith Odeon (1979) y los conciertos de Montreal (1981) son algunos de los mejores directos de la banda.

de los nódulos se volvería crónico, pero el artista no se sometió a ninguna operación por miedo a perder los matices de su voz.

La calidad en la voz de un cantante va muy ligada a su estilo de vida. En 1987 Freddie abandona definitivamente el mundo de la noche, pero antes de que le diagnosticaran sida bebía y fumaba a diario. Por todo ello, los fans de Queen identifican "tres voces de Freddie". La primera, de la década de los setenta, alterna imperceptiblemente el falsete con su voz aguda natural, como agua cristalina. La de los ochenta es una voz más ruda, que alcanza los mismos agudos con una textura rota –además del tabaco y del alcohol, Freddie había ampliado su capacidad pulmonar gracias a los directos y aumentó en peso y musculatura–.

En las grabaciones de la década de los noventa se aprecia una voz delicada, de un cuerpo delgado. Las últimas grabaciones del vocalista denotan un "retorno a los orígenes".

Presentación del disco

Es ridículo cuando lo piensas: ella y yo juntos. ¡Pero tenemos la música en común! Y no importa nuestro aspecto u origen. Al principio pensaba que solo llegaría a grabar una canción con ella, pero cuando me dijo «hagamos un disco», pensé «Dios mío, ¿y ahora qué? ¡No se le dice que no a la Súper Diva!» Lo mejor es callar y ponerse manos a la obra. Realmente es muy distinto al rock and roll. Es algo que requiere mucha disciplina[50].

FREDDIE MERCURY

---

[50] Brooks & Rhys, 2012, p. 22

La presentación de Barcelona tuvo lugar el 10 de Octubre de 1988 en el bar de la Royal Opera House. Se lanzó a la venta un LP y un casete. También se editó un CD, aunque entonces tenía un consumo más minoritario. Todos los formatos incluían un libreto con fotografías de los artistas, la letra de las canciones y la historia del proyecto contada por Greg Brooks[51].

En la cara A se podía escuchar *Barcelona, La Japonaise, The Fallen Priest* y *Ensueño;* en la cara B, *The Golden Boy, Guide Me Home, How Can I Go On* y *Overture Piccante.*

---

[51] Greg Brooks es el archivista oficial de Queen. Asumió el cargo a petición del mánager de la banda, Jim Beach. En 2012 publicó el libro *Freddie Mercury. Su vida contada por él mismo.*

La presentación del disco atrajo a medios de carácter generalista, del mundo del pop y de la ópera[52]. Durante el aperitivo, Montserrat Caballé hablaba así ante las cámaras[53]:

> *Él es un músico. Con un músico me entiendo muy bien. Cuando toca el piano y crea todas esas maravillosas melodías y me pregunta «¿cuál prefieres, esta o esta otra?» Sabes, su creatividad es tal... Solo cuando lo ves tan de cerca... Hay alguna cosa escondida muy fuerte, no sé...* [dirigiéndose a él] *Perdona que diga esto.*

---

[52] Alier, 2011, p. 211

[53] Youtube (2007): *Montserrat Caballe and Freddie Mercury in interview ROH:* https://www.youtube.com/watch?v=fSSZp9rn3xE&t=4s

El legado

¿Que si mi música se seguirá escuchando con el paso del tiempo? ¡Me trae sin cuidado! ¡Yo ya no estaré aquí para preocuparme![54]

FREDDIE MERCURY

En una realidad paralela, Freddie Mercury y Montserrat Caballé cantaron *Barcelona* para inaugurar los Juegos Olímpicos. Pero la muerte del cantante ocho meses antes del evento truncaría ese sueño.

El 25 de julio de 1992, Montserrat Caballé subió al escenario junto al tenor Josep Carreras para cantar una

---

[54] Jones, 2012, p. 313

sardana. A lo largo de ese día y de los meses de verano, *Barcelona* se oía a todas horas. Los asistentes coreaban el himno de Mercury y los organizadores lo utilizaban para promocionar la ciudad en todo el mundo. Barcelona era una capital sentimental, orgullosamente cosmopolita. La canción no describe únicamente la experiencia de los dos cantantes. Su letra se puede extrapolar a millones de historias que han comenzado en esta ciudad:

Barcelona / It was the first time that we met

Barcelona / How can I forget

the moment that you stepped into my room

you took my breath away.

Con estos versos, Barcelona se erige como punto de encuentro de personas que, al igual que los protagonistas de esta historia, pertenecen a mundos aparentemente remotos. El disco de Freddie Mercury y Montserrat Caballé es, como la ciudad que le da nombre, una fusión de caracteres, culturas e idiomas.

La música de Mercury siempre ha sido muy difícil de encasillar. Los críticos no soportaban al compositor. ¡Demasiado sibarita para ser un *rockero*! Montserrat Caballé despertaba muchos recelos entre los puristas de la ópera. Una *Superba* muy campechana... La soprano terminaría sus días muy alejada de las élites políticas e intelectuales de su tierra natal. Una catalana castiza, españolísima e internacional.

Barcelona demostró que la ópera se puede vender por los canales de distribución *pop*. Que una diva podía actuar con una estrella del rock. En *Barcelona,* Freddie Mercury canta sin adoptar la técnica de un tenor, Montserrat Caballé interpreta sus composiciones sin renunciar al estilo lírico... ¡He aquí el valor de este disco! Saber unir los elementos que lo componen sin perder el carácter único de cada parte. Ese es el legado de *Barcelona.*

Epílogo:
30 años con Freddie

A un año del 30 aniversario de la muerte de Freddie Mercury, es necesario ofrecer una mirada alternativa a los artículos, libros y documentales amarillistas que, tras un aparente afán divulgativo, se entrometen en asuntos que el cantante prefería no revelar.

Quienes nacimos con la muerte del compositor, nunca hemos sentido que Freddie nos dejara. Conocimos al artista después de su muerte física, y durante todo este tiempo su música nos ha acompañado. Le ha puesto un hilo musical a nuestra vida, mejorándola, haciéndola más apetecible, más "vivible". Son tantos los recuerdos que deben su calidad a la música que los acompaña...

Treinta años con Freddie. Porque su música nos obliga a subir el volumen de la radio cuando estamos en un atasco, camino al trabajo. ¡Paréntesis de calidad para cualquier rutina! Millones de adolescentes en todo el mundo lucen orgullosos una camiseta con el escudo de Queen. Su música es un ancla firme para una edad en la que todos necesitamos algo a lo que agarrarnos.

La arquitectura sonora de los coros y los acordes de Freddie Mercury son la evolución de un canto a la vida que nuestra especie lleva entonando desde el humanismo. La búsqueda de la consonancia y la perfección. ¡La armonía! No hay nada en Mercury que no exista ya en Händel, Bach, Mozart, Beethoven o Wagner. Cambian las modas, los instrumentos, la ropa, etc. Pero apreciar los matices de la voz de una soprano en la ópera y sentir el éxtasis de una noche de rock and roll en menos de veinticuatro horas, denota gusto por vivir. Vivir con gusto. Perseguir la excelencia minuto a minuto, todos los días del año y hasta que la muerte nos separe del azar cósmico que ha significado existir como seres sintientes en un parpadeo galáctico.

Freddie Mercury lo hizo. A su manera, pero lo hizo. Con defectos y virtudes... ¡Pero lo hizo! Y su música seguirá presente siglos después de su muerte. La próxima vez que su voz rompa este silencio monótono, cabrá preguntarse si podemos hacerlo nosotros.

A.H. Carrera

Barcelona, 24 de noviembre de 2020

Agradecimientos

Directa o indirectamente, las personas y entidades citadas a continuación han ayudado a que este libro vea la luz:

Guillem Masnou Rabat

Jordi Ballester Gibert

Marta Carrera Bonadona

Ana María Álvarez Calvo

Francesc d'Assis Cortès Mir

Edu Torres Romero

Biblioteca del ESMUC

@romerodigital360

@freddiemercuryclub

Cronología

1938: Montserrat Caballé nace en Barcelona (Cataluña, España).

1946: Freddie Mercury nace en *Ciudad Zanzíbar* (Isla de Zanzíbar, Imperio británico).

1955: Montserrat Caballé finaliza los estudios musicales en el Conservatorio del Liceo (Barcelona).

1964: La Revolución de Zanzíbar pone fin al dominio británico y la isla pasa a ser una región de Tanzania. La familia Bulsara emigra a Feltham (Hounslow, Inglaterra).

1965: Montserrat Caballé alcanza la fama internacional sustituyendo a la mezzosoprano Marylin Horne en la Metropolitan Opera House (Nueva York, EEUU).

1971: Roger Taylor, Brian May, Freddie Mercury y John Deacon fundan la banda de rock Queen.

1981: Freddie Mercury descubre la voz de Montserrat Caballé en la Royal Opera House (Londres), durante la escenificación de la ópera *Un ballo in maschera* (Verdi).

1985: Freddie Mercury confiesa a su manager (Jim Beach) el deseo de grabar música con Montserrat Caballé.

1986: La ciudad de Barcelona es designada para ser la próxima anfitriona olímpica. Jim Beach consigue hablar con el manager de la soprano.

1987: Freddie y Montserrat se conocen en el Hotel Ritz de Barcelona. Graban el himno de la ciudad olímpica en Londres y lo presentan en Ibiza. Tras su éxito, comienzan a grabar el disco. Entretanto, a Mercury le confirman que padece sida.

1988: Presentación del disco *Barcelona* en la Royal Opera House (Londres).

1991: Freddie Mercury muere a los 45 años a causa de una bronconeumonía incurable por el sida.

1992: Montserrat Caballé participa en la inauguración de los Juegos Olímpicos junto al tenor Josep Carreras.

2018: Caballé fallece a los 85 años de edad en el Hospital de *Sant Pau* (Barcelona), por un problema de vesícula biliar agudizado por la edad.

Bibliografía

ALIER, Roger: *La Caballé, diva per la història.* Barcelona: L'arca, 2011.

JONES, Lesley-Ann: *Freddie Mercury, la biografía definitiva.* Madrid: Alianza editorial, 2012.

BROOKS, Greg; RHYS, Thomas: *Barcelona – Special Edition* [libreto]. EU: Universal International Music Bv., 2012.

BROOKS, Greg; LUPTON, Simon: *Freddie Mercury: su vida contada por él mismo.* Barcelona: Ma Non Tropo, 2007.

HIMNOS
EL ARTE DE CONMOVER A LAS MASAS

OTROS LIBROS

A.H. CARRERA

Printed in Great Britain
by Amazon